Herstellung und Verlag: BoD - Books on Demand, Norderstedt   /   ISBN 978-3-7460-1157-8

Inhaltsverzeichnis

Erkenntnis

ein Golem, der kein Herz am rechten Fleck
ernährt sich von den Sünden, die wir einst unternommen
solang wir leben sehen wir darüber stumm hinweg
doch die Angst wird in den letzten Stunden wieder kommen

und wenn die dunklen Seelen der Verdammten wiederkehren
verachten wir uns gegenseitig, Ketzer! Hure! Bruder!
und glauben, dass wir uns mit Gottes Beistand wehren
doch hat er kein Gefallen an einem trägen Menschenluder

unreines Klagen verwünscht unser ganzes Sein
und wir erkennen voller Schmach beim letzten Todeswinden
nichts haben wir erreicht in tausenden von Stunden – Nein!
nur kurz bleibt Zeit, um Rast in Mutter Erdes Schoß zu finden

unsere Sonne

die Sonne erbrach ihren letzten Strahl
bevor sie sich am Nichts erstickte
uns blieb dann nur der Tod zur Wahl
die Erde ein Sandkorn im Schwarz

die Sonne erbrach ihren letzten Strahl
bevor sie für immer verschwand
sie befolgt nicht, was einst ihr ein Wesen befahl
die Erde ein Aufschrei der Angst

die Sonne erbrach ihren letzten Strahl
bevor sie uns zur Hölle schickte
für uns begann die kühle Qual
die Erde ein taumelndes Aus

nicht sehen

jeder will mein Herz erschlagen
jeden Tag aufs Neue
doch die Menschen, die mich plagen
spüren keine Reue

sie wollen meinen Geist zerquetschen
für ewig und für immer
und so stehe ich in Fetzen
mein Schmerz wird täglich schlimmer

du willst meine Welt zertrümmern
gierig freust du dich
auf mein trauriges Gewimmer
doch du hörst es nicht

er will meine Seele morden
erfreut sich an der Qual
sag, was ist aus uns geworden
unsere Welt schmeckt schal

Bild 1: „im Blick"

manchmal

manchmal süß, dann wieder bitter
getrocknet die uralten Tränen
auf Sonnenstrahl folgt meist Gewitter
das Gesicht gezeichnet von narbigen Strähnen

manchmal warm, dann wieder kalt
unberechenbar meine Gefühle
das Leben, für mich, ein launischer Schalk
die Träume verbrannt in der Kühle

manchmal gut, dann wieder schlecht
gelähmt ist mein noch junger Geist
die Wirklichkeit ist niemals echt
doch alles hat hier einen Preis

manchmal glatt, dann wieder rau
vergeblich ist jegliches Warten
vergiftet der schönste Morgentau
das Leben wird dich auch verraten

Liebesspiel

lehn deinen Kopf an meine todesbleichen Wangen
und labe dich an falscher Zärtlichkeit
denn alle Worte, die schon längst im Raum erklangen
gerieten doch schnell in Vergessenheit

reich mir die Hand und lass uns liebend liegen
geliebter Eisblock, der so rasch zerfließt
wenn in Ekstase wild wir uns verbiegen
und deine Gier aus deinem Körper schießt

lehn deinen Kopf an meine wollüsternden Brüste
doch denke stets, an wen du bist geraten
an einen Dämon, der so kühl, doch wild dich küsste
du seelenlos, verdammter Satansbraten

Hoffnung

Hoffnung verschwindet, mein Herz es gefriert
es bin ja nur ich, die immer verliert
die Erde, sie spielt sehr grausam mit mir
so beschließ ich zu gehen, denn was soll ich noch hier
die Welt ist Trauer, das Leben Verderben
und was ist so sicher, als wie das das Sterben

Hoffnung verschwindet, die Augen sind leer
so stört mich der Kummer der Welt nun nicht mehr
das Leben ist lange, zu lange für mich
so beschließ` ich zu gehen und ich lass dich in Stich

Hoffnung verschwindet, mein Herz es steht still
es fordert das Leben, was ich niemals will
der Winter erwacht, die Welt sie friert ein
so kann ich nicht länger mit dir sein

Bild 2: „Lebensbaum"

ungesagt

ich hätt viel zu reden
davon wird mir so schlecht
ich verfluche mein Leben
und lache zu Recht

ich hätt viel zu zeigen
doch ich bin zu faul
du solltest mich meiden
oh halt bitte dein Maul

ich hätt viel zu vergessen
doch weiß ich nicht wie
ich fühl mich besessen
aber frei war ich nie

ich hätt viel zu zerstören
halb tot bin ich ja schon
du willst mich betören
übergeh meinen Hohn

ich hätt viel zu lieben
doch wüsst ich nicht was
man kann mich nicht kriegen
bin ich dir zu krass

Schmerz

sei gegrüßt du alter, wohlbekannter Freund
der mich niemals mehr vergisst
so dass mein Auge überschäumt
wenn ich erkenne, wer du bist

immer bringst du mir die Trauer
die mich fröhlich traurig macht
doch dein Besuch ist nie von Dauer
du küsst meine Schmerzen wach

aufgewühlt und neu geschunden
von längst vergebenen Geschichten
erweckst du meine alten Wunden
ich kann dich nicht beschwichten

und du schaffst es mich zu lenken
führst mich auf den dunklen Pfad
und willst mir die Erkenntnis schenken
dass nur du es bist, der mich noch mag

steige herab

steige herab zu mir
durch die stickige Luft der Leere
und sag mir, warum du mich hier zurücklässt

steige herab zu mir
durch die erdrückende Last der Erde
und sag mir, was ich jetzt fühlen soll

steige herab zu mir
in die sickernde Kluft meines Bettes
und sag mir, an was ich noch glauben kann

steige herab zu mir
im toten Glanz deiner Augen
und sag mir, warum du mir das antust

... zu leben heißt ...

das Leben zieht weiter
und als es an mir vorbei rauscht
lächelt es mich an und flüstert
„halb so schlimm"
die Zeit steht still
aber die Welt dreht sich weiter
Frieden summt im Herzen
und das Feuer erwacht
vergeblich verstreichen Gedanken
zu leben heißt...   sterben

nächtliches Treiben

er Mondschein, er ruft mich hinaus in die Nacht
erweckt meine gierige Glut
erschreckte Gedanken, was hab ich gemacht
im Schatten des Treibens in tiefroter Wut

zwischen bizarren Gesichtern verloren
erlischt ist die Kraft des Vergebens
dein Gift hat mein Herz schon verdorben
verwischt ist die Lust deines Bebens

das Waschen der Taten im ratlosen Schein
von toten Gefühlen umgeben
verbirgt niemals das, was es immer wird sein
doch will es niemand hier verstehen

verbotene Wünsche im lechzenden Mund
befallen mich wie eine Plage
meine Gefühle werf ich auch mit in den Schlund
so hört niemand mehr meine Klagen

entzweit

der Abgrund deines Herzens
erscheint dir viel zu tief
du denkst du kennst nur Schmerzen
in die ich mit dir lief

die Zeit vergessener Stunden
verbracht zu zweit, allein
brachten dir tiefe Wunden
willst du mir nicht verzeihen

die längst vergangnen Narben
rudern durch die Luft
voll sehnsuchtsvoller Klagen
denkst du nur an den Schuft

dein Kampf

mageres Flehen durchdringt kaum die Nacht
was ist dir geschehen, was hast du gemacht
dein eisernes Hauchen bringt mich zum erfrieren
denn es wird mir klar, ich werd dich verlieren

verzweifeltes Beten und Winden im Dreck
kommt mir ein Gedanke, ich muss hier schnell weg
ich kann`s nicht ertragen, dein kampfloses Sein
so ist es entschieden, du wirst niemals mehr sein

mit sinnlosem Leiden erzwingst du den Tod
der Kampf ist verloren, der sich dir nie bot
erbärmlich, verlassen, bin ich wütend und wein
und flüster dir zu: du bleibst nicht allein

Bild 3: „verblümt"

meine Welt

meine Welt ist stumm und leer
Tote sind hier überall
Worte fallen mir sehr schwer
ich hasse deinen Lügenschwall

meine Welt ist kantig kahl
Gefühle hab ich längst nicht mehr
denn sie ertrugen nicht die Qual
trotzdem ist mein Leben schwer

meine Welt ist schwarz und rot
das Blut klebt auch an deinen Händen
alles hier stinkt nach dem Tod
Träume baumeln an den Wänden

meine Welt ist trübes Leiden
langsam schleicht man vor sich hin
niemand kann den Dolch je meiden
fühlst du nicht wie kalt ich bin

meine Welt ist kühl und nass
blutige Tränen fließen schnell
jeder wird in Kürze blass
doch eines Tages wird es hell

das Vergessene

die Tränen meiner Freude
spucken dir ins Gesicht
verglüht sind all die Träume
in einem schwachen Licht

ich heule Schweiß und Blut
so fühl ich mich verlassen
und in mir stirbt die Wut
es bleibt sonst nichts zu fassen

verbrannt sind all die Wege
die meinen Geist hinfort
auf endlos lange Stege
führt, an einen toten Ort

belebt, verlebt, jetzt Aas
das ging mir durch den Sinn
all das was ich vergaß
verbirgt dass, was ich bin

der Pfad

ein Schritt in die Freiheit
ein balanceloser Akt
du begehst für mich Meineid
denk an unseren Pakt

ein Schritt in das Leben
eine ruhmlose Tat
willst mir alles geben
auch was ich schon hab

ein Schritt in den Frieden
eine rastlose Jagd
doch verschweigst du den Lieben
all das, was dich plagt

ein Schritt in die Liebe
ein müßiger Gang
es verstummen die Siege
doch mein Herz – es erklang

geboren, um zu sterben

die Augen sind starr – die Haut, sie ist weiß
der Himmel ist klar – es vollzieht sich der Kreis

zum Sterben geboren
zum Leben bestellt
geht sie mit dem Wind
das Haar, es wird hell

sie hat viel gesehen – sie hat viel erlebt
doch will sie jetzt gehen – ihr Herz sich nicht regt

vor Kurzem noch Kind – gealtert zu schnell
geht sie mit dem Wind – das Haar, es wird hell

zum Sterben geboren
zum Leben bestellt
durchs Leben gequält
verliert sie die Welt

mein Traum

mein Traum, er schleicht sich heimlich fort
an einen unbekannten Ort
an dem ich ihn nicht finden kann
wo doch mein Leben erst begann

mein Traum schlüpft leise durch das Tor
an dem ich die Sehnsucht verlor
wo ich meine Ruhe fand
mir war mein Leben nie bekannt

mein Träum trägt wünsche mit sich weg
mein Herz will, dass ich mich erschreck
ich schiebe Trauer vor mir her
und wünscht ich hätt davon noch mehr

mein Traum schleift alles mit sich fort
dir glaub ich niemals mehr ein Wort
die Ohren halt ich schreiend zu
und finde niemals meine Ruh

Bild 4: „Ring"

vergeudete Zeit

in der sternklaren Nacht verlier ich den Halt
das Leben fordert und nimmt Tag für Tag
mein Schmerzverkrümmter Körper ist kalt
doch angeblich macht mich das stark

auf vernebelten Wegen bleibt mein Schrei ungehört
mein Verstand verirrt sich, so dass ich nichts weiß
mit blutleeren Augen bin ich wie betört
und spucke auf Sterne und den restlichen Scheiß

ich taumle durchs Leben in beklemmender Hast
geplatzt sind die uralten Wunden
so bleibe ich immer ein lästiger Gast
verhasst die vergeudeten Stunden

silbriger Mond

gierige Schatten umtanzen sie sacht
es liegt nun an ihr, nur sie hat die Macht
das Messer ist silbern und glitzert im Licht
da ist dieser Schmerz, der in ihr Herz so oft sticht

die Schatten sie flüstern und lächeln sie an
sie genießen den Schmerz: vergesse den Mann
das Mädchen, es weint, doch bleibt es ganz still
es weiß nicht mehr sicher, was es hier noch will
der Tod scheint ihr friedlich und besser als Leben
so beschließt sie zu gehen, von Schatten umgeben

grünes Gift fließt aus den Venen
niemand wird sich nach ihr sehnen
der silbrig Mond verschwindet leis
so schließt sich nun der Lebenskreis

verlorene Tränen

vergessene Träume
verpasst über Nacht
verlassene Räume
hättest du das gedacht

du gefühllose Hülle
ich hab dich enttarnt
schon fort die Gefühle
hast du das geahnt

verlorene Tränen
suchen mich auf
dein Leid anzusäen
nehm ich gern in Kauf

verkannte Geschichten
und maßloser Zorn
vergesse zu schlichten
es ist zu verworren

ihr Spiel

das Spiel der Gefühle
kennst du nur zu gut
in einsamer Stille
wächst in mir die Wut

du redest von Liebe
was ist sie für dich
die Last, die ich schiebe
bewegt dich doch nicht

du sprichst oft von Trennung
verzeih mir den Hohn
du willst Anerkennung
die hattest du schon!

auf Irrwegen

kalte schwarze Nebelschlieren
stricken mir den Lebensweg
ich kann das alles nicht entwirren
die Nacht ist tot, das Leben steht

trüb umnebelt geh ich und wein
der Wettkampf meiner Tränensuppe
könnte gar nicht süßer Sein
in dieser lächerlichen Truppe

aufgehangene Gedanken
stürzen stumm zu mir zurück
bringen mich wie stets zum Wanken
ich verbrenne Stück für Stück

längst vergessene Geschichten
zertrümmern mir das dumme Herz
nie wird sich mein Weg je lichten
es bleibt zurück der fade Schmerz

wir Menschen

wir lauschen stummer Schreie
verbiegen uns für Geld
wir jammern eine Weile
weil uns im Hier nichts hält

wir reden längst Gesagtes
verzweifeln oft daran
vergessen nie Beklagtes
verzeihen dann und wann

wir sehen Ungetümer
verkennen ihren Zweck
verachten kleine Würmer
verachten sie wie Dreck

deine Macht

du lässt mich zittern, lässt mich sterben
lässt mich deine Ferne spüren
so kann ich nicht glücklich werden
jetzt muss ich meinen Geist entwirren

du lässt mich bitten, lässt mich beten
meine Gedanken sind bei dir
du bist in jeder meiner Welten
deshalb ist es wohl so schwer

du lässt mich lachen, lässt mich trauern
mein Inneres hast du zerstreut
doch nichts mit dir will ich bedauern
mein Herz hat viel zu viel bereut

entfremdet

das Tier des Lebens frisst und beißt
mich jede Nacht aufs Neue
der Traum, der um Gedanken kreist
schwört mir lebenslänglich Treue

gelebt hab ich schon ziemlich lang
mein Weg steht noch in Flammen
doch weil ich weder Will noch Kann
ist mein Herz schon vor gegangen

in meiner Blüte stehe ich
der Welt völlig entfremdet
mich einfach öffnen kann ich nicht
bin innerlich verendet

schwarze Sonne

die schwarze Sonne glüht und stiehlt
die Seelen der Verdammten
ein jeder, der das Leben kennt
der lebt es wohl mit Schranken

die schwarze Sonne zerrt und reißt
das Leben aus dem Leibe
der Schmerz, der mir mein Herz zerfleischt
ist schuld, dass ich nicht bleibe

die schwarze Sonne sticht und brennt
jedem ein ihr Mal
und jeder, der daran zerbricht
bekommt ein Herz aus Stahl

Bild 5: Traumfänger

Scheinwelt

gib auf, du fadenscheiniges Getier
dein Lieblingsopfer ist schon neben dir
mein Wille ist noch nicht gebrochen
und doch komm ich blind zu dir gekrochen

gezwungen trink ich auf dein tolles Sein
ich richte nicht mehr über Trug und Schein
ich träum mir meine Welt zu Recht
doch immerhin wird mir davon noch schlecht

gebrochene Werte verdrehen den Sinn
verzaubern die Süße des Jetzts
geblendet erkenn ich deinen tückischen Plan

zerfetzt hast du all das was ich bin
von messerscharfen Worten tief verletzt
verachte ich deinen Größenwahn

die Ketten des Lebens

frei und doch gefangen
steh ich an der Wand
um Nähe zu erlangen
halt ich all dem stand

sprenge meine Ketten
schenk mir ein Stück Frieden
will mich niemand retten
so lass ich alles liegen

der Kloß in meiner Seele
raubt mir stets den Schlaf
die Worte in der Kehle
entscheiden, was ich darf

den Durst willst du nicht stillen
ich kämpf mich durch die Nacht
dein Blick kann Ruhe bringen
du erahnst nicht deine Macht

dieser Tag

gestürzt bin ich oft
ein Schrei streubt sich in mir
was hab ich gehofft
und geweint wegen dir

geschrien und gebetet
das hab ich sehr lang
dann kam dieser Tag
und du bist gegangen

alles hab ich schön geredet
und so getan als ob nichts wär
ich habe meinen Schmerz vernebelt
doch du fehlst mir sehr

Lazarus

steh auf und geh
du Lazarus
der sich an mir
genährt
denn totgesagt
leben länger
doch du
bleibst unversehrt

so sei verflucht
und sterbe doch
du Schatten
meiner Selbst
der tief in meine Seele kroch
und sich im
Elend wälzt

Bild 6: Engel

Wenn nicht jetzt – wann dann? Ein Motivationskeks für Zwischendurch bzw. für Hinterher

Das Leben ist eine hirnlose Maschinerie, die von einer Handvoll geldgeiler Idioten geleitet wird. Ich habe jedenfalls für mich beschlossen in dieser aufgezwungenen „Normalität" des Schwachsinns unserer Spaßgesellschaft nicht unterzugehen, oder gar tatenlos abzutauchen!

Wir müssen erkennen, dass ein Kollektiv voller wohlerzogener Jasager und pflichtbewusster Konfliktdessateure keine tiefgreifende Veränderung in irgendeiner Struktur bewirken wird! Wir sollten uns zu unserer Individualität bekennen und sie zelebrieren! Es lebe die geistige Kapazität jedes Einzelnen! Schon in der Bibel steht geschrieben, dass der Glaube Berge versetzen kann, also sollten wir verdammt noch mal damit beginnen zumindest an uns selbst zu glauben!

Aber gerade diese Konfrontation mit uns selbst, mit unseren mehr, oder weniger vertrauten Stärken und Schwächen ist ein äußerst schwieriges Unterfangen. Wir Menschen haben ein geradezu unermüdliches Verlangen nach Kritik, jedenfalls solange diese für uns positiv ausfällt, oder sie jemand anderen trifft. Ein Käfigvogel, den man trainiert auf Kommando ein Wort zu krächzen, ist bestimmt ein niedlicher Zeitvertreib und ein intensives Hobbie. Für jeden richtigen Krächzer bekommt der liebenswerte Piepmatz einen Keks. Aber wir als Menschen sollten uns dennoch kein Beispiel an ihm nehmen, sondern wir sollten uns selbst unserer Stärken und Schwächen bewusst werden, ohne darauf zu warten, dass uns jemand einen metaphorischen Keks in den Rachen schiebt! Natürlich könnten wir uns mit dieser Kreatur in vielerlei Hinsicht vergleichen, aber wenn wir dies zulassen, setzten wir uns selbst Grenzen, die gar nicht notwendig wären. Alle Lebewesen lernen auf Grund von Erfahrungen, auch wir Menschen, der eine schneller, der andere etwas langsamer.

Und auf eine gewisse Art ist ja auch nur zu verständlich, dass Menschen eines Tages keine Lust mehr haben ihre Energie auf Versuche zu richten, wenn sie zuvor schon so häufig daran gescheitert sind. Ein Kind, das einmal in einen sauren Apfel gebissen hat, wird so schnell ähnlich aussehende Äpfel meiden und es wird nur schwer von seinen Vorurteilen zu befreien sein, wenn dies überhaupt noch möglich ist.

Es ist natürlich nicht falsch Erfahrungen zu sammeln und logischer Weise können nicht alle positiv und in unserem Sinne sein, aber darauf sollten wir ab einem bestimmten Alter einfach gefasst sein. Denn wir sind keine kleinen Kinder mehr und wir können dank unserer Integrität selbst entscheiden, ob wir in den sauren Apfel beißen wollen, oder nicht!

Eine weitere nur allzu typische Eigenschaft von uns allen ist es, dass wir oft den Wald vor lauter Bäumen nicht sehen. Das offensichtlich Naheliegende bleibt uns verborgen und wir gehen Umwege und legen uns im schlechtesten Fall auch noch selbst Steine in den Weg. Daraus sollten wir lernen, dass wir uns, egal wie Nerv tötend, oder gar pedantisch dies auf so manch andere wirken mag, Pläne ausarbeiten sollten. Bei jedem größerem Projekt gibt es eine detaillierte Planung, niemals wird ein Haus in nur einem einzigen Schritt gebaut. Und auch wir sollten uns daran ein Beispiel nehmen und uns Zwischenziele, sogenannte Meilensteine setzten. Das positive daran ist nicht nur, dass sie einfacher zu erreichen sind, sondern auch, dass wir uns selbst motivieren können, denn jedes erfolgreiche Erreichen deines Meilensteins gibt dir ein gutes Gefühl und insgesamt betrachtet bringt es uns näher an unser eigentliches Ziel. Positive Erfahrungen können in dieser Hinsicht ganz wertvoll sein. Wir dürfen nur nicht vergessen, dass dahinter meist eine Menge Arbeit steckt und wer nicht konsequent seine persönliche Hitliste an Prioritäten akribisch genau abarbeitet, hat leider schlechte Karten.

Offensichtlich nimmt einem im Leben niemand an die Hand. So etwas machen, wenn überhaupt besorgte, oder umsorgende Eltern, aber auch sie haben nicht den „ultimativen Durchblick" und nicht jeder noch so gut gemeinte Rat, sei es aus familiären Kreisen, oder von Freunden, ist tatsächlich hilfreich.

Woher sollen andere Menschen auch wissen, was für uns gut ist, oder wo wir hin wollen, wenn wir selbst keine Ahnung davon haben?!

Das Schlimmste was man im Leben machen kann, ist das zu tun, was andere für richtig halten. Wenn wir uns diesen Schuh anziehen, werden wir sicherlich nie das unbehagliche Gefühl los, dass uns irgendetwas fehlt, oder dass wir fehl am Platz sind. Wir müssen herausfinden was wir wollen und dafür mit allen uns zu Verfügung stehenden Mitteln kämpfen. Wenn nicht jetzt – wann dann?

In diesem Sinne möchte ich als Isabella Calisto jedem Mut dazu machen, sich selbst auf den ihn eignen Weg zu machen und wünsche dabei viel Erfolg und wenn möglich gute und erbauende Erfahrungen!

Ideensammlung

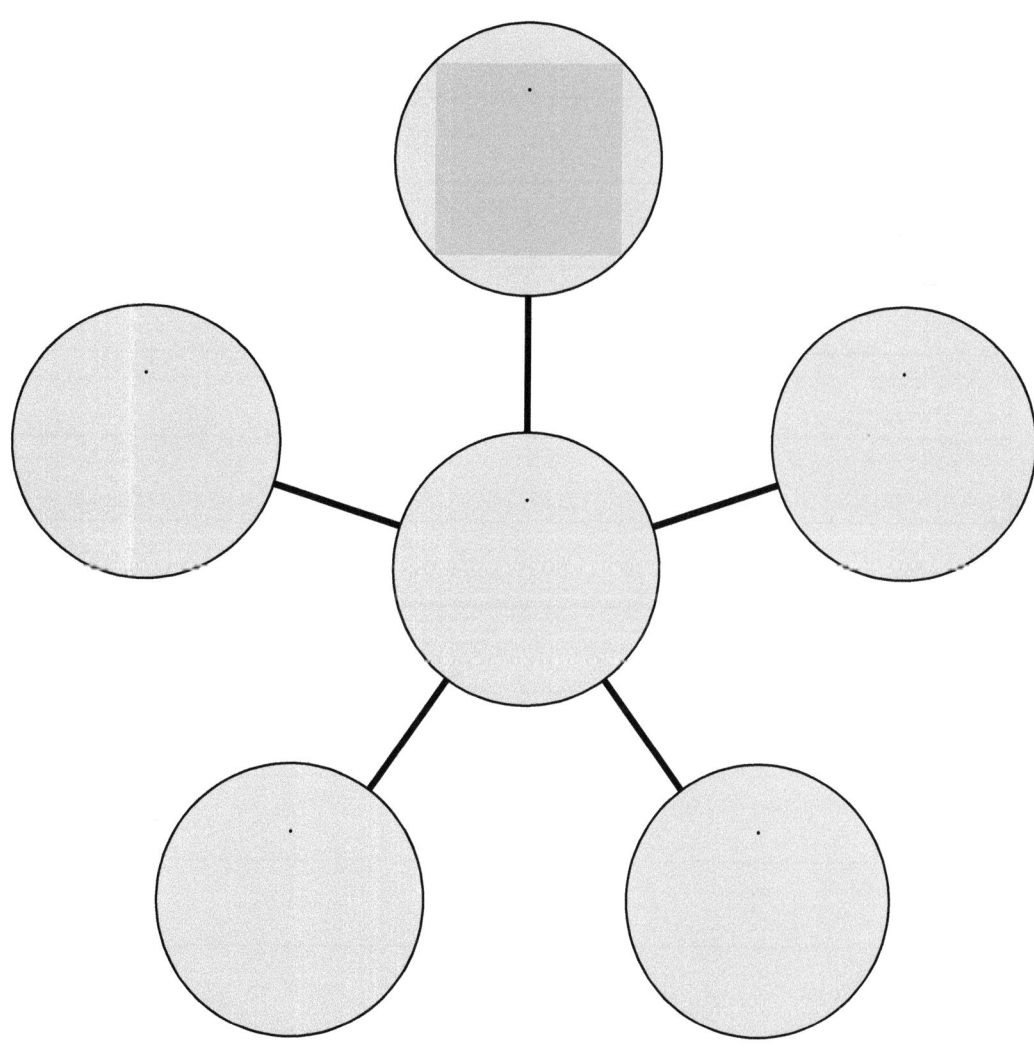

Und nun entscheide dich!

Gründe, die dafür sprechen...	Gründe, die dagegen sprechen...
	Diese Spalte bitte ignorieren! ☺